SÉ TU PROPIO TERAPEUTA

Programa
5de**2** sesiones que
SANARÁ TU VIDA

PILAR OCAMPO

Coordinación editorial: Gilda Moreno Manzur
Diagramación y diseño: Abraham Menes
Ilustración: Alma Rosa Pacheco Marcos

© 2016   Editorial Pax México, Librería Carlos Césarman, S.A.
                  Av. Cuauhtémoc 1430
                  Col. Santa Cruz Atoyac
                  México DF 03310
                  Tel.: 5605 7677
                  Fax: 5605 7600
                  editorialpax@editorialpax.com
                  www.editorialpax.com

Primera edición
ISBN 978-607-9472-16-0
Reservados todos los derechos
Impreso en México / *Printed in Mexico*

Índice

Agradecimientos

* *

A la vida misma, por cada lección aprendida.

*A cada una de las personas que se han cruzado
en mi caminoen diferentes momentos,
ocupando diferentes roles, enseñándome
diferentes lecciones.*

A mi esposo, por su apoyo incondicional.

A mis hijos, por honrarme con su presencia en mi vida.

A la magia, que sigue vigente en mi cotidianidad.

*A mi amado grupo de Gestalt Nutricia,
por ser fuente de inspiración.*

A Lizbeth Quiroz, por su cuidadosa recopilación.

*A ti, que al pasar tus ojos por estas líneas
haces posible que mi corazón le hable al tuyo.*

❤ *Gracias* ❤

¿Quién es Pilar Ocampo?

Psicóloga clínica con posgrado en psicoterapia Gestalt y en terapia de parejas y manejo de sueños; hipnoterapeuta, terapeuta floral; maestra en administración de instituciones educativas y doctora en psicoterapia; hipnoterapeuta clínica certificada con entrenamiento profesional en terapia de regresión a vidas pasadas, "Ciencia y Aplicación de la Psicología Positiva", el programa avanzado de Gestalt y el programa avanzado en terapia de parejas.

Por su impecable trayectoria y su lucha incansable en favor de la educación de calidad dentro del campo de la psicoterapia, ha recibido diversos reconocimientos y premios de instituciones nacionales e internacionales. Es miembro de diversas asociaciones profesionales en México y el extranjero.

Directora regional en Estados Unidos de la Organización de las Américas para la Excelencia Educativa. Fundadora y directora general del Centro de Desarrollo Humano y Psicoterapia Gestalt en Oaxaca, México, institución ampliamente reconocida por la calidad de su enseñanza y el nivel de sus servicios (visita www.gestaltoaxaca.com). Ponente, docente y entrenadora internacional en diferentes países e instituciones. Investigadora, participante en diversos programas de radio y televisión, escritora activa y autora de varios libros.

Madre, esposa, originaria de Oaxaca, México, radica en Los Ángeles, California, aunque viaja constantemente a México y a diferentes países para impartir cursos y talleres y entrenar a psicoterapeutas.

Contacto
www.pilarocampoonline.com
Facebook: Dra. Pilar Ocampo Psicoterapeuta

Presentación

Los seres humanos somos sabios por naturaleza. Se nos ha otorgado no sólo el libre albedrío, sino también la intuición para guiarnos por esta maravillosa aventura llamada vida.

Todos buscamos felicidad, amor, salud, plenitud y bienestar en general. Pero ¿qué nos impide lograrlo? Durante más de 25 años de experiencia como psicoterapeuta, he encontrado un denominador común en los pacientes que llegan "rotos" al consultorio: la falta de reflexión y la poca asimilación de los aprendizajes que nos dejan las vivencias.

Pareciera que, cuando de vivir nuestra vida se trata, le creemos más a los demás que a nosotros mismos. Ese es un gran error. Nadie sabe más de ti que tú mismo, porque únicamente tú has habitado en tu piel, has sobrevivido tus batallas y has enfrentado tus fantasmas.

Este libro no intenta darte respuestas, sino guiarte para encontrar las propias al reflexionar sobre tu propia existencia, tus elecciones, tu manera de ver el mundo y de manejar las diferentes situaciones. En pocas palabras, es una invitación a que reflexiones profundamente sobre la única fuente de respuestas que tienes a tu alcance: tu ser interior.

Mi trabajo se limita a presentarte ejercicios y frases que te permitirán verte de otra manera. El principal trabajo lo harás tú.

Terapia significa sanación; por tanto, el término autoterapia implica aprender a promover la propia sanación mediante la reflexión profunda. Ese es el propósito central de este libro.

De ninguna manera hablo de autopsicoterapia, porque eso supone ya un proceso clínico de acompañamiento con un profesional capacitado para ayudarte a ver tus puntos ciegos, esos que todos tenemos.

Este libro no pretende sustituir un proceso psicoterapéutico; por el contrario, se propone ayudarte a descubrir en qué áreas necesitas trabajar más, así como ayudarte a identificar aquellas que requieren un acompañamiento profesional.

Terapia y psicoterapia NO son sinónimos, aunque lamentablemente se usen como tal.

Esta propuesta surge de una afortunada aventura por las redes sociales. Después de abrir una página profesional de Facebook y empezar a compartir reflexiones cotidianas, pude descubrir la enorme necesidad que existe de contar con una guía para poder procesar eventos dolorosos en la vida. Miles de seguidores me escriben a diario, comparten conmigo historias y plantean preguntas buscando respuestas que quisiera poder ofrecerles. Repito, tus respuestas están en ti, no en mí, y de eso se trata este libro. De acompañarte a encontrarlas.

No todos tienen la posibilidad de acudir con un psicoterapeuta o la suerte de encontrar al profesional ético y compasivo que los acompañe a rediseñarse. Para muestra, basta la reacción a esa aventura cibernética que emprendí y que se convirtió en todo un movimiento de ayuda social, en el que participan varios psicoterapeutas mexicanos, que con generosidad apoyan a quienes más lo necesitan.

En el Centro Gestalt Oaxaca, la institución que fundé hace más de 20 años, abrimos una clínica totalmente gratuita para dar psicoterapia a los más necesitados, a aquellos que en instituciones de gobierno son remitidos sólo a los pasantes. Hoy somos una red de profesionales titulados que brindamos el servicio con la misma calidad que se ofrece a quienes pueden pagar. Ese es el verdadero humanismo, al menos como yo lo concibo.

Las reflexiones que aquí comparto son de mi autoría, por lo que no hay citas bibliográficas. Es muy posible que algunas de las imágenes que las acompañan te resulten familiares, otras se concibieron en forma especial para los conceptos presentados. Las incluimos con el propósito de reflejar visualmente el mensaje escrito.

Confío en que si en estas líneas hay algo para ti, lo recibirás y tendrá su efecto; si crees que puede ayudarle a alguien más, haz llegar un ejemplar de este libro a sus manos; nunca sabemos cuándo podemos cambiar una vida con una frase. Te sorprendería lo que yo he presenciado en mis años como psicoterapeuta.

También encontrarás un CD con relajaciones, visualizaciones, meditaciones y afirmaciones diseñadas exclusivamente para promover tu bienestar, estableciendo una alianza con tu mente inconsciente para potencializar tu proceso personal.

Te invito a que escuches la grabación en un momento en que NO necesites estar alerta, sino que te permitas disfrutarla en la intimidad contigo en un espacio que el que puedas lograr la relajación profunda y permitirle a tu interior que haga su trabajo sin distracciones.

En este libro me dirijo indistintamente a ti con el género masculino o el género femenino, pues está dirigido a toda persona interesada en su crecimiento personal.

Recibe un abrazo energético dondequiera que te encuentres y espero que la magia de la tecnología nos siga permitiendo compartir nuestros caminos. Te invito a caminar conmigo en mi página de Facebook y a compartir tus experiencias con las miles de personas que escriben en ella día a día.

❤ De mi Luz a tu Luz, de mi corazón al tuyo ❤

Dra. Pilar Ocampo
www.pilarocampoonline.com
Facebook: Dra. Pilar Ocampo Psicoterapeuta

xii

Sugerencias para trabajar con este libro

. . . .

✔ Realiza a conciencia una sesión siempre que sientas que la necesites, o cuando haya un tema específico que quieras cubrir. Si bien las reflexiones pueden parecer muy sencillas, tienen gran profundidad porque abarcan puntos vitales en nuestra existencia relacional humana. Cuanto más tiempo dediques a leer, asimilar, reflexionar y trabajar en cada tema, más satisfactorios y permanentes serán los resultados que obtengas.

✔ Te sugiero una sesión por semana; sin embargo, tú conoces tus necesidades por lo que eres tú quien determina tu ritmo de trabajo.

✔ Toma tiempo suficiente para ahondar en las reflexiones y llevar a cabo las actividades de cada tema. Puedes usar un cuaderno de trabajo por separado para anotar todo lo que vayas descubriendo y leerlo posteriormente. La memoria siempre necesita un poco de ayuda.

✔ Efectúa las actividades sugeridas cuando no te encuentres bajo presión de tiempo, de modo que puedas profundizar en tu reflexión.

✔Bríndate la oportunidad de leer cada día lo que escribiste el día anterior; así podrás agregar puntos que probablemente no hayas recordado o que no anotaste. El inconsciente tiene una manera maravillosa de funcionar. De ahí la sugerencia de cubrir cada tema con cierta periodicidad o siempre que lo necesites.

✔Elige bien con quién compartirás lo que descubras; algunos temas son muy personales y tu intimidad es sagrada. No te expongas innecesariamente.

✔Utiliza el CD con regularidad, de acuerdo con tus necesidades cotidianas; cada vez que escuches la grabación el resultado será distinto porque estarás en un momento diferente.

✔Ninguna de estas reflexiones sustituye un proceso psicoterapéutico, ni la guía de un profesional para ayudarte a transitar por momentos difíciles. Si encuentras que alguna de ellas abre una puerta cerrada durante mucho tiempo, produce una emocionalidad elevada o genera síntomas de cualquier tipo, busca ayuda profesional con alguien capacitado lo antes posible.

INiCiA Tu
autoterapia

Selectividad

"Elegir el alimento que vamos a consumir depende de lo mucho que cuidemos nuestro cuerpo y de lo conscientes que seamos de la posible gravedad de las enfermedades.

La selección del alimento emocional requiere la misma atención y cuidado porque los padecimientos del alma enferman nuestra existencia entera.

¿Comerías una manzana podrida?

Ten presente esta pregunta cuando aceptes permanecer en una relación que te enferme, sea del tipo que sea.

Decir no a lo que no te hace bien se convierte, no sólo en una cuestión de inteligencia, sino de sobrevivencia."

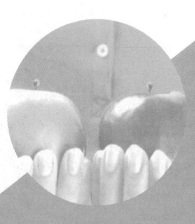

Reflexión

1 Identifica tu alimento emocional cotidiano.

a) ¿De quién o de qué te nutres?

_____

_____

¿Pagas precios por este alimento emocional? ¿Cuáles?

_____

_____

b) ¿Sientes que el nutrimento emocional que recibes es suficiente?

_____

_____

2 ¿Necesitas alternativas?

_____

_____

3 ¿Qué te impide buscarlas?

_____

_____

4 Si lo que te impide buscar alternativas emocionales más nutricias es...

a) Pensar que no las mereces, necesitas trabajar en tu autoestima. Revisa desde cuándo te sientes así, reflexiona en lo que sí crees merecer e intenta durante una semana completar la frase: "Me merezco... (seguido por algo nutricio para ti)"; por ejemplo, "Me merezco descansar en este momento"; "Me merezco sentirme bien al verme frente al espejo".

b) Una actitud de conformismo con lo conocido, es necesario que trabajes en la mediocridad existencial. Cuestiónate: ¿Es esta la vida que quieres para ti? ¿Cómo te visualizas en cinco años? ¿Te gusta lo que ves? Si tu respuesta es desagrado, ya tienes claro que hay mucho trabajo por hacer. Te aseguro que al finalizar este libro muchas cosas habrán cambiado.

c) No saber cómo, busca ayuda del profesional más indicado para tu caso.

Práctica

Durante la semana posterior a la sesión, practica la selectividad con los alimentos con que te nutres, tanto en lo físico como en lo emocional.

Pregúntate:

¿Esto es bueno para mí? ¿Me nutre? ¿Me fortalece?

Infidelidad

"Una infidelidad no sólo puede
destruir una relación, sino la confianza
del corazón que creyó en alguien
que no supo o no pudo amar plenamente.

Por fortuna, es más fácil volver a confiar en alguien
más que aprender a amar;
esto hace al infiel el perdedor o perdedora
permanente en cualquier relación."

Reflexión

1 ¿Has sido víctima de una infidelidad?

_____

2 ¿Qué perdió tu pareja al serte infiel?

_____

_____

3 ¿Qué perdiste tú con su infidelidad?

_____

_____

4 Estás dispuesta a recuperar lo que creías haber perdido?

_____

5 Si tu respuesta es No, date tiempo. Todo llega en su momento.

6 Si tu respuesta es Sí, te invito a hacer lo siguiente:

a) Prepara una lista de todo lo que pusiste en esa relación.
b) Toma conciencia de que todo eso es tuyo, de nadie más.
c) En cada uno de los puntos de la lista, pregúntate si quieres recuperar eso y escribe "Sí" o "No", dependiendo de tu respuesta.
d) Haz ahora dos listas: una con los "Sí" y una con los "No", en hojas separadas.
e) En la lista de los "No", pon delante de cada uno, en una frase sencilla, el aprendizaje que recibiste, y reflexiona en todo lo que te dejó esa experiencia.

f) En la lista de los "Sí", elabora en una frase una estrategia sencilla para recuperar cada una de las cosas que eliges conservar contigo.

g) Por último, escribe una carta de despedida a la persona que te fue infiel y déjala ir de tu vida; ya cumplió su misión.

No vale la pena conservar a quien no sabe amar.

Práctica

Durante la semana posterior a la sesión, deja ir lo tóxico. Recuerda todo, no sólo lo bueno ni sólo lo malo.

Imprime la frase en negrillas y ponla en un lugar donde puedas leerla todos los días. Suelta ese sentimiento o date cuenta de que no es tu momento para dejar ir, también eso es válido; sólo date cuenta.

Sesión 2

Encuentro

" ¿Te has preguntado alguna vez
por qué te comportas en forma diferente
con diferentes personas?

El sol reflejado en el agua nos regala
una variedad maravillosa de colores,
según el ángulo en que se proyecta.

De igual manera, nosotros mostramos nuestros
colores en función del estímulo que tenemos
delante de nosotros.

Así que la próxima vez que alguien te pregunte
¿por qué eres distinto con ella?, responde:

¡Se llama encuentro y es cuestión de dos! **"**

Reflexión

1 ¿Con qué persona te has sentido más tú? ¿Más auténtico?

   a) ¿Qué características tiene o tenía esa persona?
   _____

   b) Cómo reaccionas tú ante estas características?
   _____

2 ¿Con qué persona te has sentido más incómodo?

   a) ¿Qué características tiene o tenía esa persona?
   _____
   _____

   b) ¿Cómo reaccionas tú ante estas características?
   _____
   _____

3 Haz una lista de las personas que rodean tu vida. ¿De qué tipo son las que predominan?
   _____
   _____

4 ¿Qué te dice esto de tu vida?
   _____
   _____

5 ¿Qué eliges hacer con esto que descubres?
   _____
   _____

Práctica

Durante la semana posterior a la sesión, practica elegir estar con aquellas personas que te nutren, que te hacen sentir cómoda con su cercanía.

Si no puedes evitar compartir tiempo y espacio con quienes te generan incomodidad, encuentra estrategias para distanciarte hasta cierto punto. Cuida tu energía. La necesitas para hacer uso de tu creatividad.

Sesión 3

13

Elección

Un atardecer como este
nos ayuda a recordar
que el universo siempre tiene
un regalo para nosotros.

Es cuestión de saber elegir
hacia dónde dirigir nuestra mirada.

Reflexión

1 Menciona tres cosas lindas que hayas visto hoy.

a) _____

_____

b) _____

_____

2 Menciona tres cosas desagradables que hayas visto hoy.

a) _____

_____

b) _____

_____

c) _____

_____

3 ¿Qué lista fue la más fácil de escribir?

_____

4 ¿Qué te dice esto de tu vida? ¿Hacia dónde estás dirigiendo tu mirada?

_____

_____

5 Escribe tres cosas que das por hecho en tu vida y que no aprecias cotidianamente (por ejemplo, tener alimentos para comer, tener un techo que te cobije, contar con tiempo para leer este libro, y así sucesivamente).

a) _____

_____

b) _____

_____

c) _____

_____

6 ¿Cuán capaz te sientes de empezar a poner tus ojos en los regalos del universo? ¿Por qué?

_____

_____

7 ¿Qué eliges hacer con esto que descubres?

_____

_____

Práctica

Durante la semana posterior a la sesión, practica concentrarte en cosas lindas; busca lo positivo de las situaciones. Reta tu mente a pensar en positivo. Entrena tu mirada para enfocarse en aquello que te nutre.

Sesión 4

Tentación

"La tentación proviene de la prohibición
y es la oportunidad que tenemos
para desarrollar la *templanza*, recurso
indispensable para la fortaleza del espíritu.

Saber reconocer la tentación,
prever sus consecuencias
y hacer la elección más responsable
se llama *madurez*.

Cerrar los ojos, pretender
que nada sucederá y justificar
el acto impulsivo, se llama *imprudencia*
y es el origen del sufrimiento humano."

Reflexión

1 ¿Cuáles son tus tentaciones más fuertes?

_____
_____
_____
_____

2 ¿Cuáles son las consecuencias de caer en esas tentaciones?

_____
_____
_____
_____

3 ¿Qué precios has pagado por ser imprudente?

_____
_____

4 ¿Qué tentaciones tienes frente a ti en este momento de tu vida?

_____
_____

5 ¿Te sientes con la suficiente madurez para elegir lo que te haga sentir en paz? ¿O necesitas aprender más lecciones de las consecuencias de ser imprudente? ¿Cuáles?

_____
_____

6 Haz una lista aquí de las consecuencias que puedes sufrir por tus futuras imprudencias. Así, cuando las vivas, no procede quejarse por ello, pues ya sabías lo que podía pasar y de todos modos lo elegiste.

a) _____

_____

b) _____

_____

c) _____

_____

d) _____

_____

e) _____

_____

Práctica

Durante la semana posterior a la sesión, practica distanciarte de aquellas cosas que sabes que te dañarán en el futuro. Ejercita tu fuerza de voluntad en el día a día. Al término de la semana serás más fuerte.

Sesión | 5

Sueños

" Hay una gran diferencia entre
construir castillos en el aire
y vivir en ellos.

Soñar nos permite crear,
pero los sueños sin planes concretos
acaban por causarnos frustración y amargura.

Disfruta tus sueños, y permítete vivir
en ellos únicamente si estás haciendo algo
para alcanzarlos; de otra manera, no serán
sino una excusa para la mediocridad. "

Reflexión

1 Haz una lista de tus sueños, lo que te gustaría alcanzar.

_____

_____

_____

_____

_____

2 Pon delante de cada sueño las siguientes letras según corresponda:

F Fácil de lograr
D Difícil y posible
I Imposible

3 ¿Qué tipo de sueños son los que predominan?

_____

_____

Cuantos más imposibles tengas, más saboteas una existencia plena para ti. Únicamente los calificados con D te darán la sensación de logro; los marcados con F, si no los has hecho realidad aún, cuestiónate qué te lo impide. ¿Son sueños tuyos o de alguien más?

Práctica

Durante la semana posterior a la sesión, practica llevar a cabo acciones que sepas que te acercarán a tus sueños.

Convierte cada día en un reto. Un día representará un paso que te acerca cada vez más a aquello que sueñas y que es posible lograr. Descarta de esas acciones lo que marcaste como sueños imposibles.

Sesión 6

Atreverse

"

Alguien me dijo una vez que soñar
despierto era una pérdida de tiempo.
Hoy, después de cumplirlos todos,
yo digo que despertar sin sueños
es una pérdida de vida.

Atreverse a soñar en grande
es el primer paso para construir
la realidad que te mereces,
no importa cuánto tarde.

Paciencia, tenacidad y prudencia son
las virtudes de los grandes.

"

¡Y tú también las tienes!

Reflexión

Contesta lo siguiente acerca de la paciencia, tenacidad y prudencia.

1 Describe por lo menos una ocasión en la que hayas reaccionado con mucha paciencia con alguien o en alguna circunstancia.

_____

_____

_____

2 Describe una ocasión en que te hayan dicho negado algo pero por tu cuenta tú insististe en ello, hasta que lo lograste.

_____

_____

_____

3 Describe alguna ocasión en la que te detuviste a tiempo antes de tomar una decisión equivocada.

_____

_____

_____

Práctica

Durante la semana posterior a la sesión, practica la paciencia, la tenacidad y la prudencia.

¡Apláudete! Tienes las virtudes de los grandes. Ahora, ¡a aplicarlas!

Sesión | 7

Hoy

" "

Hoy elijo que me moje la lluvia
y me despeine el viento,
que me acaricie el sol
y me sorprenda el cielo.

Hoy dirijo la mirada hacia donde
alguien me dijo que no debía hacerlo.
Hoy dejo ir las sombrillas prestadas
por aquellas personas que han vivido
escondiéndose y protegiéndose.

Hoy, el universo y yo somos uno mismo
y este es el mejor lugar en el que puedo estar. " "

Reflexión

Completa con lo primero que venga a tu mente:

1 Hoy elijo _____
_____.

2 Hoy dejo ir _____
_____.

3 Hoy doy la bienvenida a _____
_____.

4 Hoy me comprometo conmigo misma a _____
_____.

Práctica

Durante la semana posterior a la sesión, practica preguntarte ¿qué quiero regalarme hoy? Llévalo a cabo de acuerdo con tus posibilidades y la prudencia que ya pusiste en marcha la semana anterior.

Bríndate regalos que te nutran sin que lastimen tus relaciones más importantes o atenten contra tus valores.

Sesión | *8*

Volar

" Sólo tú sabes el tiempo que
le tomará a tus alas
salir de la "caja del pre-juicio"
en la que las mantenías escondidas.

Volar libre y alto es tu destino;
que NADIE te convenza de lo contrario. "

¡Adelante!

Reflexión

1 Escribe cinco prejuicios que te inculcaron en tu niñez.

a) _____

_____

b) _____

_____

c) _____

_____

d) _____

_____

e) _____

_____

2 Marca con una "✗" aquellos que te han limitado para llevar una existencia plena.

3 Marca con una estrella aquellos que te hayan apoyado a ser quien eres.

4 Reflexiona si hay alguna manera de flexibilizar los que marcaste con "✗" y vislumbra posibilidades de ajustarlos a tu vida Aquí y Ahora.

5 Agradece a las personas de quienes hayas aprendido todo esto porque de una u otra manera, te llevaron a ser quien eres. Recuerda que hicieron lo mejor que pudieron. Ahora te toca a ti extender tus alas para volar los cielos que tú elijas.

Práctica

Durante la semana posterior a la sesión, pon atención a cómo haces tus elecciones cotidianas: ¿con base en el prejuicio o en una decisión libre, voluntaria y consciente? Simplemente obsérvate, conócete, reconcíliate con quien vive en tu piel.

Sesión | 9

El riesgo de relacionarse

"" Toda relación es un riesgo
y no hay manera de relacionarse
de verdad si no es desde el corazón.

La primera vez que lo haces suele
representar un riesgo mayor
porque no sabes con quién estás tratando.

En la segunda oportunidad que le das
a quien te hirió, sólo hay tres opciones:
aceptación de la realidad, negación o terquedad.

El común denominador de las tres opciones es
terminar aceptando que el otro no tiene que ser
como tú quieres que sea.

Eres tú quien elige estar ahí o no. ""

Reflexión

1 Piensa en la relación más dolorosa que hayas tenido y descríbela.

_____

_____

2 ¿Cuántas oportunidades le diste o le has dado a esa persona?

_____

3 ¿Ha cambiado? _____

4 Si tu respuesta es "No", ¿qué te mantiene o mantuvo ahí? De las siguientes opciones, marca la que corresponda.

a) ¿Aceptación de la realidad? _____
(Si marcas esta opción, eso quiere decir que aceptaste que así es su naturaleza y elegiste seguir a pesar de las consecuencias.)

b) ¿Negación? _____
(Sigues o seguiste creyendo que en realidad no era así, que iba a cambiar, que tú estabas exagerando o que quizás es o era tu culpa.)

c) ¿Terquedad? _____
(Te niegas o negaste a soltar la relación por temor, sentimientos de posesividad, orgullo o por pensar que no encontrarás a nadie más.)

5 Una vez que descubras qué es lo que en verdad te mantiene o te mantuvo ahí, medita si eso es lo que mereces para tu vida. _____

6 Si tu respuesta es "No", elabora una lista de todo lo que has aprendido; si tu respuesta es "Sí", estás en la relación que mereces.

_____

_____

Práctica

Durante la semana posterior a la sesión, practica salir del papel de víctima y descubre cómo te has expuesto en tus relaciones tóxicas o destructivas. Te guste o no, formas o formaste parte de ellas.

Date cuenta de cuántas veces te sientes la víctima y descubrirás que estás ahí porque de cierto modo lo eliges al no hacer los cambios que necesitas para salir.

Si te encuentras en una relación de riesgo real de violencia, amenaza de muerte u otra que atente contra tu vida, busca ayuda o ponte en contacto conmigo para ayudarte a buscar opciones de apoyo contra la violencia en tu comunidad. Sólo estoy a un _mail_ de distancia.

Pedir ayuda y recibirla, nos devuelve
la esperanza que la soledad nos quita.

Sesión | 10

Pérdida

> Aceptar una pérdida no es fácil,
> toma tiempo y valentía aprender
> a seguir viviendo.
>
> Lo único que puede ayudarnos a continuar,
> es aceptar que la vida tiene ciclos
> que se cierran más allá de nuestra voluntad.
>
> Y eso lleva tiempo...

Reflexión

1 Haz una lista de tus pérdidas significativas.

_____

_____

2 En cada una revisa si estuvo en tus manos hacer algo más para evitar que eso sucediera. Marca con una "S" las que sí pudiste evitar y con una "N" las que no pudiste.

3 Revisa las que marcaste con una "S". ¿Qué te ha llevado a perder cosas importantes? ¿Qué te ha impedido cambiarlo? ¿Quieres seguir coleccionando pérdidas cuando puedes hacer algo para cambiarlo?

4 Analiza las que marcaste con una "N". Por dolorosas que sean, algunas circunstancias no están bajo nuestro control y aceptarlo requiere tiempo. Todo lo que inicia termina, a menudo antes de lo que humanamente quisiéramos, mas eso no significa que no sea su momento.

5 Te invito a escribirle una carta al destino. A ese inexorable y en ocasiones incomprensible destino que marca vidas y decide rutas. Permítete expresar tu dolor, frustración, enojo, inconformidad y todo lo que te ha impedido resolver y procesar tu duelo.

6 Cuando sea tu momento, quema esa carta, dejando ir a donde pertenece aquello que no pudiste controlar. Confía en que hay una razón para ello.

Mi primera nena murió en mi vientre. Mi esposo le escribía cada día una página en un diario de amor que nunca leyó y que conserva, para compartirlo con mi hijo, quien conoce la existencia de su hermanita, en el momento adecuado.

Regresé del hospital con todo el dolor físico y emocional de haberla perdido tras un sueño la noche anterior en que me permitió cargarla y me dijo que se iría. Lo único que pude hacer fue arrodillarme ante un altar que teníamos en casa y poner todo mi dolor ahí, sin entender por qué, ni para qué debía atravesar por ese momento. Me quedé dormida llorando y aún atesoro su imagen en mi sueño.

Tal vez ese evento me permite hablarte de las pérdidas en un nivel que sólo comprendemos quienes las hemos vivido. A mi padre, el faro de mi vida, le cumplí la promesa de que no moriría en un hospital y elegí desconectarlo y llevármelo a casa hasta que pudo irse a la Luz amorosamente, acompañado, en mis brazos. Aún lo extraño...

Al hablarte de pérdidas a tu corazón, sé de lo que hablo y también sé que hay una vida hermosa después de ellas, cuando comprendemos que cada ser humano tiene su propio camino más allá de nuestros deseos.

Práctica

Durante una semana, practica el dejar ir y el confiar; el agradecer sabiendo que mañana será otro día y saldrá el sol: tal vez en ocasiones tarde, pero créeme, vuelve a salir; la aceptación y el perdón. Si tus pérdidas son por tus acciones, aprende de ellas, perdónate y sigue adelante. Si son por eventos del destino, confía y obedece. Hay una razón, aunque no sea clara para ti ahora.

Sesión | *11*

Autoestima

" Podrás no ser lo mejor bajo tu mirada
autoexigente y autocrítica,
podrás encontrar mil defectos
y aspectos por corregir en ti.

Sin embargo, eres la única persona
en el mundo con la que convives 24 horas al día
y a la que mirarás el resto de tu vida en el espejo.

¿Qué tal si empiezas a criticarte
menos y a valorarte más?

La imagen en el espejo te lo agradecerá
haciéndote sentir querido e importante,
porque para esa imagen
eres lo único real que tiene. "

Reflexión

1 Haz una lista de los aspectos que más te gustan y valoras de ti mismo.

_____

_____

_____

_____

_____

2 Haz una lista de los aspectos que te gustaría modificar.

_____

_____

_____

_____

3 Haz una lista de los aspectos que te gustaría eliminar.

4 Medita sobre cuál lista es más grande para darte cuenta de cuál es tu nivel de autoestima.

5 Reflexiona sobre los aspectos que te gustaría modificar y observa si en tu realidad son modificables o no. Márcalos con un "sí" y un "no", según corresponda.

6 Revisa los aspectos que sí son modificables y analiza qué es lo que te impide hacerlo.

7 Revisa todos los que marcaste como no modificables y date cuenta de que te estás rechazando por la fantasía de ser alguien que no eres.

8 Enfócate en los aspectos que más te gustan de ti y analiza cómo puedes utilizarlos para enfrentar lo que no te gusta o para confrontar la fantasía que te habías forjado de ser otra persona.

9 Escríbete una carta en la que valores cada una de los aspectos que te gusten mencionando su utilidad en tu vida. Asegúrate de ponerla en el correo y confiar en que la recibirás en el momento en que necesites un recordatorio. Una vez que la recibas, permítete leerla como si la recibieras de alguien más y date cuenta de cómo te sientes.

Práctica

Durante la semana posterior a la sesión, practica decirte lo que haces bien; esto reforzará tu autoestima.

Sesión | 12

Tolerancia

"Tolerar no implica necesariamente estar de acuerdo.
Tolerar significa tener la suficiente madurez para comprender que vivimos en un universo de diversidades y contrastes, en donde cada uno lucha por imponer su razón.
Esto no sólo se ve en las noticias, empieza desde casa:
en la lucha por el control remoto, por el territorio en la cocina compartida, por ver quién tiene la razón y quién está equivocado.

La paz es resultado de la tolerancia y esta es una virtud que se fortalece día a día en los pequeños detalles.
¿Quieres saber cuán tolerante eres?
Descubre cuántas personas e ideologías quieres cambiar y toma en cuenta que tu nivel de tolerancia es inversamente proporcional a tu idea de que el otro está equivocado."

Zona
de
tolerancia

Reflexión

1 En el recuadro a continuación, traza una columna por cada uno de tus seres más queridos.

2 Escribe en cada columna los aspectos que te gustaría cambiar en ellos.

3 Subraya los aspectos que verdaderamente sea fundamental para ti que ellos cambien y observa cuántos subrayas.

4 Piensa que cuantos más aspectos subrayes, más condicionas tu afecto hacia ellos.

Práctica

Durante la semana posterior a la sesión, intenta ver a cada uno de tus seres queridos como son realmente y descubre qué es lo que te hace quererlos tanto. Intenta priorizar tu cariño sobre aquellos aspectos que considerabas "fundamental" que ellos cambien y observa si quieres seguir relacionándote con ellos tal como son.

Otórgate el derecho a intentar aceptar al ser humano que tienes frente a ti, aunque no estés de acuerdo con él. Si te parece en verdad imposible, quizá sea el momento de hacer un alto y reflexionar sobre esa relación en particular.

Zona
de
tolerancia

Sesión 13

Perdón

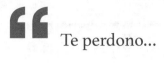

Te perdono...

¿Puedes decir estas dos palabras hoy?
¿Abrir tus manos y dejar ir lo que necesitas soltar?

Retener un día más aquello que te lastima
es una manera de negarte el derecho
que tienes a ser feliz.

Si quieres que algo realmente se vaya
de tu vida para siempre,
sólo hay un camino...
soltarlo.

Reflexión

1 ¿Qué es eso que sigue lastimándote tanto?

_____

_____

2 ¿Desde hace cuánto tiempo lo cargas contigo?

_____

_____

3 ¿Para qué te sirve cargar con ello?

_____

_____

4 ¿Qué te impide soltarlo?

_____

_____

5 ¿Cómo sería tu vida si lo dejaras ir?

_____

_____

6 ¿Puedes renunciar a la revancha? ¿A la venganza?
_____ Veamos cómo.

7 Corta varios pedazos de papel y en cada uno escribe algo que vienes cargando; puede ser una escena, una persona, una situación, entre otros. Descríbelo en una frase.

8 Prepara cuantos pedazos de papel sean necesarios y dóblalos de modo que no pueda leerse nada de lo escrito.

9 Ponlos en una pequeña bolsa de plástico y colócala en uno de tus zapatos; camina con ella cuantos días necesites hasta que decidas deshacerte de ese estorbo que te

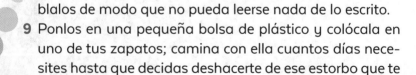

lastima al caminar. Es una simbología de lo que implica vivir cargando todo eso.

10 Cuando te parezca propicio, permítete deshacerte uno a uno de esos pedazos de papel. Siéntate junto a un lago o una fogata, en tu jardín, tu recámara o baño. Abre uno a uno y si sientes que ha llegado tu momento, simplemente di "te perdono" o "me perdono" —según sea adecuado— y deshazte de ese papel.

11 Si no es el momento para liberarte de algunos, continúa con el ejercicio de traer la bolsita en tu zapato hasta que elijas que ya fue suficiente cargar con un pasado que no te permite caminar en libertad. Tómate todo el tiempo que necesites. El universo no tiene prisa.

Práctica

Durante la semana posterior a la sesión, camina día a día con la bolsita llena de papelitos en uno de tus pies. Por la noche, ponla en tu almohada.

El resentimiento no se experimenta por un cierto número de horas; mientras está vivo, nos acompaña las 24 horas, todos los días. Hacerlo consciente es una manera de elegir el momento de soltarlo.

Sesión | *14*

Pruebas de vida

La vida diariamente nos pone a prueba;
no como una manera de castigo,
sino como una forma de ayudarnos
a ver si ya aprendimos
lo que necesitábamos.

Hay dos grandes "materias":
el arte de decir sí y el arte de decir no;
una vez que las aprendemos,
nuestra vida se facilita.

¡Suerte en tus "exámenes" del día de hoy!

Reflexión

1 ¿Eres capaz de decir "sí"? _____

2 ¿Eres capaz de decir "no"? _____

3 ¿En qué cambiaría tu vida si usas estas dos palabras mágicas de la manera adecuada?

_____

_____

4 Si no tuvieras miedo, ¿a qué le dirías sí?

_____

_____

¿A qué le dirías no?

_____

_____

5 ¿Cuál es el precio que pagas ahora por no saber decir sí o decir no?

_____

_____

6 ¿Qué te dice esto de tu momento de vida actual?

_____

_____

Práctica

Durante la semana posterior a la sesión, toma conciencia de aquellas cosas en las que queriendo decir sí, dices no, y viceversa.

Date cuenta de qué es lo que te lleva a ser incongruente y descubre si se trata de una estrategia interna de autocuidado o autosabotaje.

La diferencia es la siguiente:

Autocuidado: uso de la prudencia para mantenernos en una zona que nos mantiene seguros, sin correr riesgos innecesarios.

Autosabotaje: es una actitud que nos impide alcanzar lo que sabemos que nos dará un bien a largo plazo, aun cuando en el momento inmediato implique un esfuerzo.

Sesión | *15*

Tu historia

"
No hay día inútil,
ni elecciones equivocadas.

Todo lo que has vivido hasta hoy te
ha convertido en quien eres,
porque siempre somos
el resultado de nuestra historia.

Utilizar esa historia a favor o
en contra del resto de tu vida
es quizá la decisión más importante
que tienes el día de hoy porque
tú te construyes en cada momento presente.

No puedes cambiar lo que ya viviste,
pero sí puedes crear un futuro distinto
y ese, se genera en tu *aquí y ahora*. "

Sesión 16

Reflexión

1 Escribe tu autobiografía, cubriendo desde los detalles más insignificantes hasta los que creas que te han marcado profundamente. Tómate el tiempo necesario para hacerla lo más detallada posible.

2 Antes de empezar, pregúntate: si quisieras que alguien supiera quién eres realmente, ¿qué dirías de ti? ¿Cómo te gustaría ser recordado? ¿Qué te gustaría que los demás supieran de tu forma de ser?

3 Concluida la actividad anterior, deja pasar al menos un día y escribe una biografía tuya tal como la escribiría la persona más cercana a ti. ¿Qué diría de ti? Intenta verte a través de sus ojos.

4 Si sientes la confianza suficiente, pide a alguien muy cercano que escriba una biografía tuya que contenga lo que conozca de ti. Compara los tres escritos.

5 ¿Qué descubres?

_____

_____

6 Elige los cinco puntos que más hayan determinado en tu historia, sin importar si los consideras buenos o malos. Si son más de cinco, pon cuantos necesites.

_____

_____

7 ¿Cómo te sientes al ver tu historia desde estas diferentes perspectivas? Hay algo que necesitas hacer al respecto?

_____

_____

Práctica

Durante la semana posterior a la sesión, te invito a tener presente tu historia, a darte cuenta de cómo esta te impacta en tu vida cotidiana, así como a agradecer lo que te ha fortalecido y lo que te ha puesto a prueba.

Si has llegado hasta donde estás; si está leyendo estas líneas en busca de una respuesta, es porque tienes la fuerza para ello, aunque no lo creas.

Sólo quienes no se dejan vencer y renacen más fuertes de su historia son verdaderos guerreros. Y si tú esperas encontrar en estas líneas la manera de sanar la tuya, ten por seguro que eres una de ellos.

Hoy enfrentas una batalla más: la aceptación de tu historia para renacer más libre.

Felicidades por ello. Nadie dijo que ser grande fuera fácil.

Sesión | *16*

Espejos

"La única manera de mantener
el ego y la autoestima en un balance
sano es tener presente que ni
los halagos ni las críticas son
para nosotros en su totalidad.

El día que comprendemos que somos
espejos para los demás, nos liberamos
no sólo de la fantasía de ser indispensables,
sino también de la falsa creencia
de ser inútiles."

Reflexión

1 ¿Cuáles son los tres piropos más lindos que has recibido?

_____

_____

_____

2 ¿Cuáles son las tres críticas más dolorosas que has recibido?

_____

_____

_____

3 Piensa en quiénes te dijeron cada una de estas cosas y los mensajes que te enviaron... ¿Qué descubres?

_____

_____

4 ¿Creíste lo lindo y no lo desagradable, o viceversa, creíste ambos o quizá ninguno?

_____

_____

5 ¿Puedes otorgarte los reconocimientos que en verdad son tuyos y analizar aquellos puntos en los que necesitas mejorar? Anota cuáles son.

_____

_____

6 ¿En qué se diferencian tus reconocimientos de los piropos recibidos de otros?

_____

_____

7 ¿En qué son diferentes los puntos que reconoces como áreas de oportunidad para ti, de las críticas recibidas?

_____

_____

Práctica

Durante la semana posterior a la sesión, presta particular atención a tus piropos y tus críticas hacia los demás. ¿Qué te dicen de ti? Veamos.

1 ¿Das más retroalimentación positiva que críticas o viceversa?

_____

2 ¿Reconoces esto que dices a los demás, sea positivo o no, en ti?
Sí _____ No _____

3 ¿Eres consciente de que cada crítica que lanzas habla de ti, al igual que cada reconocimiento que otorgas?
Sí _____ No _____

4 ¿De qué parte de ti eliges hablar más en forma cotidiana?

_____

Sesión | 17

Metas *vs.*
Expectativas

"Para poder alcanzar tus sueños,
asegúrate de que sean tuyos;
con frecuencia nos esforzamos
por alcanzar los sueños que otros
soñaron para nosotros
y eso jamás nos hará sentir plenos.

Las metas provienen de tus sueños,
las expectativas provienen de
los sueños de los demás."

Reflexión

1 ¿Qué te dijeron que tenías, debías o te convendría ser cuando crecieras?

_____

_____

2 ¿Qué tanto has diseñado tu vida en función de las expectativas de los demás?

_____

_____

3 ¿Sientes satisfacción con lo que has realizado hasta este momento?

_____

_____

4 ¿Qué te gustaría hacer que no has hecho aún? ¿Qué te lo impide?

_____

_____

5 Enumera tres cosas que realmente sea importante para ti lograr y ponlas como metas posibles y alcanzables. (Si no las ves como algo posible, posiblemente sean sólo expectativas que te impiden avanzar e incrementan tu sensación de fallo.)

a) _____

b) _____

c) _____

Práctica

Durante la semana posterior a la sesión, elige realizar actividades breves y concretas que te permitan acercarte a tus metas.

La única manera de alcanzar una meta es construirla día a día.

Sesión | 18

La clave del amor

"
No digas que amas
si no tratas con amor.
"

Reflexión

1 Elige a las personas más importantes de tu vida.

_____

_____

_____

_____

_____

2 Experimenta hacer un acto de amor con cada una por día, durante una semana, sin esperar una determinada respuesta.

_____

_____

_____

_____

_____

3 Descubre ¿cuán capaz eres realmente de llevar a cabo actos de amor? ¿O basas más bien tu vida en "intercambios emocionales"?

Práctica

Durante la semana posterior a la sesión, practica hablar con amor, actuar con amor y callar con amor. Sólo por una semana.

Al final de este periodo, descubre qué tan fácil o difícil fue y si hubo algún cambio en tus relaciones.

No te exijas perfección.

Saber amar también requiere práctica y es un acto voluntario y cotidiano.

Sesión | 19

La edad

"
Lo interesante de esta imagen
no es que un adulto mayor pueda
sentirse joven, sino que alguien
a quien el mundo ve joven
pueda sentirse viejo y cansado.

La edad es una circunstancia cronológica
inevitable a la que nos enfrentamos
todos; la elección cotidiana
es la que marca la actitud ante la vida
y esa va más allá del cuerpo físico.
"

Reflexión

1 ¿Cuántos años tienes? _____

2 ¿De cuántos años te sientes? _____

3 ¿Qué crees que marca la diferencia entre ambas edades?
_____
_____

4 Si te sientes más joven que tu edad cronológica, descubre la fuente de tu vitalidad, atesórala y nútrela. ¿Cuál es?
_____
_____
_____
_____

5 Si te sientes de mayor edad que la que tienes, medita si hay algo que influya para que te sientas así.
_____
_____

6 Si hay sintonía, bienvenida sea.

Práctica

Durante la semana posterior a la sesión, presta particular atención a tu cuerpo; a cómo lo nutres, al tiempo de descanso que le das; al uso o abuso de tu energía y de tu edad. Si hay algo que necesites modificar, empieza a hacerlo ya.

Elige lo que te dé vitalidad, alegría y entusiasmo; si por tu circunstancia de vida en este momento es difícil lograrlo, enfócate en lo que te haga sentir menos mal, confiando en que las circunstancias no son permanentes.

Escucha diariamente las "Afirmaciones para el sistema inmune" y permite que actúen en tu mente inconsciente, modificando las creencias de vulnerabilidad, enfermedad, cansancio y debilidad y potenciando la energía, la salud y la fortaleza que te pertenecen por derecho.

No hay mejor medicina que una actitud positiva y esa se construye y se alimenta de creencias nutricias.

Trabaja intensamente en tu sistema de creencias de salud durante esta semana, y podrás empezar a notar cambios increíbles en muy poco tiempo.

Te lo digo por experiencia propia...

Sesión | 20

Libertad

> "La verdadera libertad empieza
> cuando dejamos de contemplar
> el vuelo de los demás
> y nos concentramos en
> fortalecer nuestras propias alas,
> a nuestro propio tiempo.
>
> Nadie mejor que nosotros sabe
> cuándo es nuestro momento,
> y ese siempre llega."

Reflexión

1 ¿Qué tan libre te sientes en este momento de tu vida? ¿Por qué?

_____

_____

2 ¿Hay algo que te ata? _____

3 Si tu respuesta es afirmativa, qué necesitas para extender tus alas?

_____

_____

4 ¿Qué es lo que más te asusta de "volar"?

_____

_____

5 ¿Qué cambios habría en tu vida si te decidieras a volar libre?

_____

_____

6 Hay una gran diferencia entre posponer y olvidar. Si ahora pospones algo por un bien mayor, eso quiere decir que ya te estás entrenando para volar cuando llegue tu momento.

Saber esperar también es ejercer la libertad.

Práctica

Durante la semana posterior a la sesión, practica regalarte momentos de libertad realizando aquello que puede hacerte volar en este momento de tu vida.

Sesión | *21*

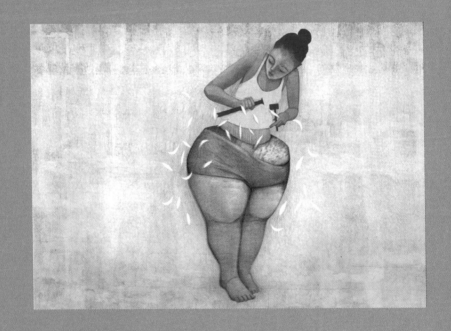

Tu obra maestra

"

No hay mejor artista que tú para
diseñar tu obra maestra,
que es tu vida.

Los de afuera podemos guiarte
y acompañarte, pero la decisión
final de tomar el cincel y el martillo
siempre estará en tus manos.

No permitas que nadie te haga
creer lo contrario.

Tú estás a cargo de ti, puedes con ello
y hoy es un buen día para comenzar.

"

Reflexión

1 ¿Quién tiene el cincel y el martillo en tu vida? ¿Por qué crees que es así?

_____

_____

2 Haz una evaluación honesta de cada una de las siguientes áreas de tu vida, y descubre en qué grado la atiendes:

a) Física. ¿Qué tanto descansas? ¿Cómo alimentas tu cuerpo? ¿Lo ejercitas con regularidad? ¿Lo atiendes cuando lo necesita?

b) Espiritual. ¿Ejercitas el agradecimiento cotidiano? ¿Crees en un Poder Superior, lo llames como lo llames? ¿Practicas la generosidad y la compasión en tu vida cotidiana?

c) Afectiva. ¿Cómo son tus relaciones interpersonales? ¿Qué predomina en tu vida, lo nutricio o lo tóxico? ¿Cómo te relacionas con las personas significativas de tu corazón? ¿Les haces saber que son importantes?

d) Social. ¿Hasta qué punto eres consciente de que tu vida tiene un impacto en tu entorno? ¿Actúas responsablemente sabiendo que cada acto tuyo genera una consecuencia?

e) Mental. ¿De qué alimentas tu mente? ¿Cuántos retos le planteas para que se mantenga activa y creativa? ¿Con qué frecuencia le permites que se distraiga en cosas divertidas y simples?

Práctica

Durante la semana posterior a la sesión, practica atender cada una de estas áreas lo mejor que puedas. Observa cuáles implican un mayor reto para ti y establece un plan de acción como el del siguiente ejemplo.

Actividades concretas para atender las áreas de mi vida

a) Física. Ir a dormir a las 10 p.m.; no tomar soda esta semana; caminar 30 minutos al día, entre otras.

b) Espiritual. Antes de dormir repetir 20 veces la palabra "gracias".

c) Afectiva. Decir a cada miembro de mi familia cercana que los quiero por lo menos una vez durante esta semana; no gritarle a mis hijos, entre otras.

d) Social. Regalarle una sonrisa a las personas en la calle; tener un acto de amabilidad con un desconocido por día, entre otras.

e) Mental. Armar rompecabezas en lugar de ver televisión media hora al día; leer un capítulo por día de un libro, entre otras.

Hacer esto te asegura que ya has tomado el cincel en tus manos y la nueva obra que empiezas a tallar se verá poco a poco. Recuerda... NO es cuestión de una semana, sino de toda la vida, y tú puedes lograrlo.

Sesión 22

Máscaras

" Tarde o temprano las máscaras
caen porque una mentira no puede
sostenerse toda la vida.

El que crees que es un engaño
que te ha destrozado, no es sino
la manifestación abierta
de la pobreza de ese espíritu
y eso nada tiene que ver contigo.

Llora, aprende, recupérate y sigue adelante.
La vida sigue valiendo la pena. "

Reflexión

1 ¿Qué máscaras han caído en tus relaciones?

_____

_____

2 Si tuvieras oportunidad de establecer una relación con esa persona conociendo de antemano su falsedad, ¿lo harías? ¿Por qué?

_____

_____

3 Escribe una carta a la persona por la que te hayas sentido más engañado, en la que te permitas expresarle por qué eliges salir de una relación de engaño; pon particular interés en incluir todo lo que tú mereces en una relación y todo lo que vale lo que tienes para ofrecer. Despídete y guárdala.

Práctica

Durante la semana posterior a la sesión, lee todos los días la carta que redactaste al principio. Agrega o modifica todo lo que necesites conforme pienses en ello y el último día destrúyela, despidiéndote de esa persona y su falsedad.

Recupera tu capacidad de confiar. Tomará tiempo, pero si dejas ir el pasado llegará un momento en que el engaño sólo sea un capítulo más de tu historia.

Sesión | 23

Huellas

> A veces puedes pensar que nada
> de lo que haces importa,
> que eres invisible y nadie te toma en cuenta;
> sin embargo, cada uno de tus pasos deja huella
> porque nadie existe por casualidad.
>
> Algún día podrás voltear
> y ver el impacto de tu existencia en este mundo.
> En ese momento te darás cuenta de que no fuiste
> invisible, sino invencible.

Reflexión

1 En tu cuaderno, haz una lista de 10 cosas que haces todos los días desde que te levantas hasta que te acuestas. Intenta descubrir el impacto de tu estar en el mundo. Sigue el ejemplo.

Acto	Impacto
Limpiar la casa	Orden y limpieza
Trabajar	Proveer lo necesario
Hacer la tarea con los hijos	Guiar, demostrar interés

2 Anota después lo que escribiste en la segunda columna, de acuerdo con el siguiente ejemplo:

Proveo de orden y limpieza a mi familia, atiendo las necesidades económicas más importantes, demuestro interés a mis hijos y los guío en sus estudios, etc.

3 ¿Cómo te sientes al darte cuenta de que lo que aparentemente haces a diario de manera "invisible" tiene un impacto importante en tu entorno? ¿Y que lo que tú haces está dejando huella todos los días?

Práctica

Durante la semana posterior a la sesión, tu reto es intentar tener el sentido o el impacto de lo que realizas más presente que la actividad misma. Por ejemplo, en lugar de pensar que tienes que lavar la ropa, pon en tu mente que estás previniendo a tu familia de enfermedades.

El reto implícito es dejar de esperar que ellos lo agradezcan o lo vean de esa forma y más bien valorar el valor y la importancia de tu papel en la vida para dejar de depender del reconocimiento externo.

Si a menudo buscas el reconocimiento externo, eso significa que tú no te lo estás dando y por ahí habrá que empezar a trabajar. Puedes ser invisible para los demás, mas si tú sabes que en realidad eres invencible, tu satisfacción con tu vida se incrementará y la necesidad de que los demás reconozcan tu esfuerzo disminuirá notoriamente.

Sesión 24

Prudencia

> **Hay puertas que intuimos
> que no son propicias para abrir.**
>
> **Saber mantener distancia se llama prudencia
> y forma parte del autocuidado.**

Reflexión

1 ¿Qué puertas no son propicias para abrir en este momento?

_____

_____

2 ¿Qué te lleva a acercarte a ellas?

_____

_____

3 ¿Cómo podrías cuidarte?

_____

_____

4 ¿Quieres realmente mantener distancia? _____

5 ¿Lo vas a hacer? _____

Práctica

Durante la semana posterior a la sesión, simplemente HAZLO. Por ese espacio de tiempo mantente a distancia de esas puertas, sin excusa alguna.

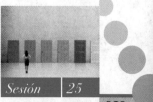

Sesión 25

Felicidad

" La felicidad no es un estado permanente,
sino un momento mágico
y de esos tenemos todos los días.

Desde esta óptica te sorprenderá
descubrir que eres más feliz
de lo que pensabas
y eso incrementará
tu impulso natural de decir

¡gracias!

Reflexión

1 ¿Tuviste hoy qué comer? _____

2 ¿Tomaste agua cuando tenías sed? _____

3 ¿Encontraste un momento para leer este libro?

_____

4 ¿Has logrado realizar las actividades de las semanas anteriores? _____

5 ¿Lograste hacer tu tarea de autocuidado de la semana pasada? _____

6 ¿Te has detenido para agradecer cada una de estas cosas? _____

Práctica

Durante la semana posterior a la sesión, practica prestar atención a tus niveles de satisfacción ante las cosas más sencillas *(tomar agua cuando tienes sed, acostarte cuando te sientas cansado, estirar tu cuerpo hasta que tus músculos se relajen, disfrutar tu momento de intimidad en el baño, entre otras).*

Poner atención consciente a los momentos placenteros de satisfacción que gozamos todos los días es la mejor manera de incrementar nuestro nivel de felicidad. No necesitamos llevar una vida perfecta. Si sigues viva y puedes leer estas líneas es porque más de alguna de tus necesidades está satisfecha; tu tarea es enfocarte en la satisfacción. Disfruta tu felicidad cotidiana.

Sesión | 26

Desilusión

> "Hay muchas cosas que nos llevan a no ver
> la realidad en su justa magnitud.
> Cuando la venda cae de los ojos,
> empieza un nuevo camino.
>
> La desilusión, aunque dolorosa,
> es la única vía para enfrentar
> la realidad cara a cara
> y renacer más fuerte."

Reflexión

Durante la semana posterior a la sesión, la única reflexión que te pido se relaciona con cómo generas expectativas que te llevan a la desilusión.

La desilusión es un estado que se presenta cuando algo no sucedió como nosotros esperábamos o queríamos que ocurriera, de manera que es un camino elegido.

Práctica

En lo que respecta a la práctica, durante esta semana, observa en especial lo que esperas de los demás (tus hijos, tu pareja, tus compañeros de trabajo o estudio, tus amigos, entre otros) y date cuenta de que, cuanto más esperas, más te expones a la desilusión.

Regálate esta semana para ser consciente de cómo generas las expectativas que te causan frustración y, como consecuencia, malestar en tus relaciones.

Revisa qué es lo que más te molesta que hagan o dejen de hacer las personas significativas en tu vida y descubre la expectativa que subyace a cada frustración, así como la realidad sobre si es factible lograr lo que esperas como tú lo esperas. (Ejemplo: me molesta que mi esposo no me responda el teléfono de inmediato / Expectativa detrás del enojo: mi marido debe estar a mi disposición todo el tiempo / ¿Es eso realmente posible? NO.)

Sesión 27

¿Mente o corazón?

"

El verdadero problema surge
cuando creemos que alguno
de los dos tiene que ganar.

En realidad, somos una totalidad perfecta.

Si dejamos que el corazón nos guíe
y el cerebro encuentre los cómo,
siempre llegaremos a casa. "

Reflexión

Con frecuencia escuchamos que el corazón quiere una cosa cuando la mente nos dice otra.

La realidad es que cuanto más distancia exista entre ellos, mayor será la confusión en nuestra vida.

Te invito a reflexionar sobre aquellas veces en que tu corazón y tu mente estuvieron separados.

¿Cuán grande fue tu confusión? ¿Qué precios pagaste por esa separación?

Podemos acercar poco a poco estas dos partes si, en lugar de pelear por ganar, se reconcilian para guiarnos en el camino. Encuentra cómo hacerlo en la práctica de esta semana.

Práctica

Durante la semana posterior a la sesión, elige una situación en la que tu corazón y tu mente se encuentren en conflicto en este momento y elabora un cuadro como el del ejemplo. Anota en él tus propios conflictos e intenta encontrar soluciones prudentes que involucren a ambos.

Situación	Corazón	Mente	Solución prudente
Relación con mi ex	Dale otra oportunidad.	Ya te hirió lo suficiente. Aléjate de esa relación.	Evaluar si mi pareja en verdad está dispuesta a cambiar y yo, a correr el riesgo.
Dejar ir a mi hijo a estudiar a otra ciudad	Quiero tenerlo siempre conmigo. No quiero que se vaya de mi lado.	Tiene que crecer. Ya está en edad de volar.	Apoyarlo buscando un lugar donde esté seguro y hacerme cargo de mi duelo sin cortar sus alas.

Sesión 28

Romper esquemas

"
No se necesita ser una gaviota
para volar sobre el mar,
también una mariposa puede hacerlo,
aunque no sea lo más común.

Romper esquemas preconcebidos
que limitan la libertad del Ser
es un paso para romper
los estereotipos del Hacer.
"

Reflexión

1 ¿Has hecho algo que te dijeron que no era posible? ¿Qué
fue?

_____

_____

2. ¿De qué manera consideras que lo que te han dicho que
"debías" o "debes" ser ha afectado tu Ser como persona?

_____

_____

3 ¿Cómo ha afectado tu Hacer en tu vida?

_____

_____

4 ¿Cómo sería tu vida si modificaras estos autoconceptos?

_____

_____

Práctica

Utilizando tu fantasía, visualízate como esa mariposa que quiere cruzar el océano. Imagina la inmensidad del azul debajo de ti y permítete sentir cómo tus alas te llevan sobre esa inmensidad, sin miedo, confiando en que lo lograrás.

Siente y experimenta tu vuelo. Disfruta la sensación de libertad, plenitud, logro, grandeza, confianza.

Llénate de esta sensación y permítele a tu ser entero que se sintonice con ella, hasta que sea una sensación familiar para ti.

Realiza esta breve y profunda visualización todos los días en un momento y un espacio tranquilos, y sorpréndete con los pequeños grandes cambios que se generarán en tu vida.

Sesión 29

Esperanza

"

Aun en los momentos más difíciles
de la vida hay un pequeño rayo de luz.

Se llama esperanza y es lo que nos permite
seguir viviendo más allá del dolor.
"

Reflexión

Durante la semana posterior a la sesión, graba las siguientes afirmaciones en tu celular, en tu grabadora o en cualquier dispositivo disponible y escúchalas todos los días. Procura que tu ritmo al hablar sea lento y pausado y que después de cada frase inhales llevando a tu interior lo que esta representa para ti. Hazlo sin prisa, disfrutando el momento.

El mensaje es el siguiente:

Aun en mis momentos más difíciles encuentro los recursos para salir adelante.

Tengo la fortaleza y la sabiduría necesarias para encontrar las soluciones indispensables en mi vida.

Confío en que cada momento doloroso tiene una lección para mi camino y abro mi corazón para recibirlo.

Mi interior sabe y reconoce lo que me ayuda a vivir con más plenitud.

Tengo esperanza en que cada día me brinda lo que necesito para seguir adelante.

Soy Luz, mi camino es en la Luz.

Práctica

Te invito a escuchar la meditación de "Gratitud y esperan-za", que forma parte del CD cada día.

Sesión | 30

Aceptar

> **Aceptar no implica estar de acuerdo.**
>
> Aceptar es renunciar a la idea
> de que las cosas tienen que ser
> como nosotros creemos que deben ser.
>
> Y es el primer paso para hacer
> las paces con la vida.

Reflexión

¿Cuántas veces no has tenido conflictos porque ocurre algo que quisieras que fuera diferente?

Y no sólo quisieras eso, sino, en ocasiones, hasta que desapareciera el evento, la persona, la situación en general. Es natural y nos pasa a todos en uno u otro momento de la vida.

Es muy difícil hablar de aceptación, cuando pensamos que aceptar significa estar de acuerdo. Hay cosas con las que jamás estaremos de acuerdo simplemente porque atentan contra nosotros mismos, nuestras creencias y nuestros valores.

¿Qué hacer entonces en estas situaciones?

Lo primero es:

1 Reconocer que nada en el universo está diseñado para darnos gusto, sino para cumplir con una función.
2 Reconocer nuestros sentimientos, pensamientos e ideas sin avergonzarnos ni exigirnos que sean diferentes.
3 Comprender que el otro tiene derecho a experimentar sus sentimientos, pensamientos e ideas de la misma manera que nosotros.
4 Confiar en que cada cosa, cada situación y cada persona que se cruza en nuestra vida tiene una función.
5 Practicar la relajación profunda para flexibilizar la mente.

Práctica

Durante la semana posterior a la sesión, te invito a escuchar y a practicar la "Relajación profunda" incluida en el CD.

Si queremos ser más comprensivos y hacer las paces con la vida, necesitamos empezar a promover la flexibilización en todos los sentidos.

La relajación profunda ayuda a promover el bienestar. Además, en la medida que se practique, regularmente tiende a volverse un estado al que es fácil regresar y, con el tiempo, permanecer en él.

La aceptación proviene de una mente en paz, y la mente en paz proviene de un cuerpo en armonía.

Observa si hay un cambio de tu actitud hacia la vida comparando cómo inicias esta semana y cómo la terminas, después de haber practicado la relajación todos los días.

A mayor práctica, mayores resultados.

Sesión | *31*

Obsesión

> "La obsesión por alguien
> de quien no podemos recibir
> lo que necesitamos emocionalmente,
> es una forma inconsciente
> de huir del contacto verdadero."

Reflexión

1 Identifica tu alimento emocional cotidiano.

   a) ¿De quién o de qué te nutres?

   _____

   _____

   b) ¿Pagas precios por este alimento emocional? ¿Cuáles?

   _____

   _____

   c) ¿Sientes que el nutrimento emocional que recibes es suficiente?

   _____

   _____

2 ¿Necesitas alternativas?

_____

_____

3 ¿Qué te impide buscarlas?

_____

_____

4 Si lo que te impide buscar alternativas emocionales más nutricias es...

   a) Pensar que no las mereces, necesitas trabajar en tu autoestima. Revisa desde cuándo te sientes así, reflexiona en lo que sí crees merecer e intenta durante una semana completar la frase: "Merezco... (seguido por algo nutricio para ti)"; por ejemplo, "Merezco des-

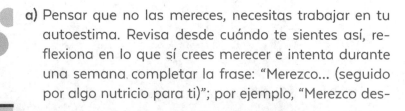

cansar en este momento"; "Merezco sentirme bien al verme frente al espejo".

b) Una actitud de conformismo con lo conocido, es necesario que trabajes en la mediocridad existencial. Cuestiónate: ¿Es esta la vida que quieres para ti? ¿Cómo te visualizas en cinco años? ¿Qué es lo que ves? ¿Te gusta lo que ves? Si tu respuesta es desagrado, ya tienes claro que hay mucho trabajo por hacer. Te aseguro que al finalizar este libro muchas cosas habrán cambiado.

c) No saber cómo, busca ayuda del profesional más indicado para tu caso.

Práctica

Durante la semana posterior a la sesión, te invito a escuchar y a trabajar con la visualización "Perdón y desapego", incluida en el CD, y observar cómo te sientes con cada sesión a lo largo de esta semana.

Sesión | *52*

Envidia

> La envidia no es más
que el reflejo de un corazón resentido
porque no ha podido ver la grandeza
del cuerpo que habita.
>
> No hay nadie mejor o peor que nosotros.
Simplemente, somos diferentes.

Reflexión

1 ¿Has sentido envidia de alguien? Escribe en qué circunstancias y por qué.

_____

_____

_____

2 ¿Cuáles han sido las consecuencias de esa envidia?

_____

_____

_____

Práctica

La práctica durante la semana posterior a la sesión consistirá en trabajar la gratitud y la esperanza, que son antídotos naturales contra la envidia.

Una vez que somos conscientes de cuántas cosas recibimos a diario y nos centramos en ello, nuestra mente deja de focalizarse en lo que no tenemos y que, según nuestra percepción, los demás sí poseen.

Te invito a realizar diariamente la meditación "Gratitud y esperanza" que viene en el CD, para que compruebes la eficacia y el impacto que tendrán estos sentimientos en tu vida.

Sesión 33

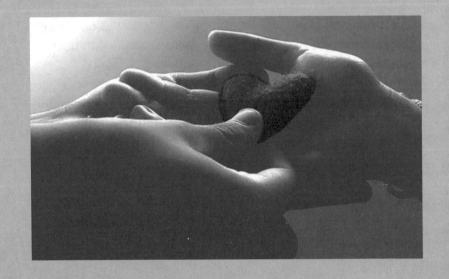

Respeto y justicia

> El trato justo y respetuoso
> es proporcional
> a la grandeza del corazón
> y a la madurez de cada persona.

Reflexión

1 ¿Qué es ser justo, para ti?

_____

_____

2 ¿Te consideras una persona justa? ¿Por qué?

_____

_____

3 ¿Cómo definirías la injusticia?

_____

_____

Práctica

Durante la semana posterior a la sesión, concentra tu atención únicamente en usar las palabras "mágicas" gracias y por favor, reconocer en voz alta y frente a alguna persona si cometes un error y disculparte por ello.

Trabajar la humildad es una excelente herramienta para desarrollar la justicia y la equidad en nuestras relaciones y es el camino más seguro para adoptar una actitud respetuosa hacia los que nos rodean.

Sesión | *34*

Lecciones

Una paciente me preguntó:
"¿Por qué las cosas llegan a mi vida
siempre en el momento equivocado?".

Mi respuesta fue:
"El que las cosas no sean
como a ti te gustaría que fueran
no quiere decir que
los tiempos sean equivocados,
sino que no estás comprendiendo
para qué llegan las cosas
justo en esos momentos".

No hay tiempos equivocados,
son lecciones de paciencia,
aceptación, templanza o desapego.

Reflexión

1 ¿Puedes mencionar tres cosas que cuando ocurrieron en tu vida pensaste que era el momento equivocado?

_____

_____

_____

2 ¿Puedes descubrir las lecciones que aprendiste gracias a eso que viviste de esa manera? ¿Cuáles son?

_____

_____

_____

Práctica

Durante la semana posterior a la sesión, permítete experimentar vivir bajo el lema "Confío y obedezco" y meditar si lo que vives son lecciones de:

a) Paciencia. Todo tiene su propio tiempo y ritmo. La vida no gira alrededor de tus tiempos.

b) Aceptación. Las cosas y personas son como son, y no están para darte gusto.

c) Templanza. Ejercitar el poder de la renuncia en busca de un bien mayor. Implica trabajar la frustración y la capacidad de decir no.

d) Desapego. Todo lo relacionado con el dejar ir, soltar.

Sesión | 35

Señales

"Cuando nos aferramos a escuchar
o a encontrar lo que queremos,
dejamos de ver las señales que
la Divinidad nos envía
de muy diferentes maneras
para guiar nuestros pasos.

No hay peor ceguera que la necedad."

Reflexión

1 ¿Cuáles han sido las necedades más dolorosas que has experimentado?

_____

_____

2 ¿Qué te llevó a aferrarte de esa manera?

_____

_____

3 ¿Qué señales recibiste que no quisiste ver en ese momento?

_____

_____

4 Actualmente ¿estás siendo necio o necia, sin querer ver las señales? ¿Para qué?

_____

_____

5 ¿Eres consciente del dolor que pagas por esta necedad?

_____

_____

Práctica

Te invito a practicar el "Confío y obedezco"; si surge un obstáculo en tu día, acéptalo. No te pelees con la vida y date cuenta de qué pasa cuando fluyes sin aferrarte.

Experimenta...

Sesión | 36

Conciencia y responsabilidad

" Cuando somos conscientes
de que una palabra, una mirada
o una sonrisa nuestra tienen
un profundo impacto en lo que
nos rodea aunque nunca lo sepamos,
la idea de que somos invisibles
o insignificantes desaparece por completo.
Y nos volvemos más responsables
de nuestro ser, nuestro estar
y nuestro hacer en el mundo. "

Reflexión

Durante la semana posterior a la sesión, te invito a una reflexión basada en mi libro *Reencuentro con la esencia: el camino guerrero*, de la misma editorial, que te recomiendo consultar para mayor detalle.

Conciencia se refiere a darme cuenta de mi estar en el mundo, más que de mi hacer.

Responsabilidad, por lo tanto, se refiere a darme cuenta y asumir las consecuencias de mi hacer en el mundo.

Una vez que vemos nuestro papel en el mundo con otros ojos, el panorama cambia y no volvemos a ser los mismos. Entonces podemos hablar de que empezamos a asumir la responsabilidad de nuestra propia vida, independientemente de la edad cronológica que tengamos.

Estamos conformados por cinco áreas: la física, la espiritual, la afectiva, la social y la mental.

Ahora, realiza lo siguiente.

1 Haz un análisis de cada una de estas áreas de tu vida:

a) Física (descanso, alimentación sana, ejercicio).
b) Espiritual (agradecimiento, conciencia de un Poder Superior).
c) Afectiva (relaciones más cercanas e importantes).
d) Social (entorno laboral, comunitario).
e) Mental (retos intelectuales, actividades que fomenten la creatividad).

2 Responde estas preguntas por cada una de las áreas anteriores:

a) ¿Qué tanto atiendo esta área en mi vida?

b) ¿Cuán descuidada está?

c) ¿Qué me impide cuidarme más en esta área?

d) ¿Qué podría hacer para sentirme mejor en esta área de mi vida?

Práctica

Date tiempo para analizar detenidamente cada una de estas áreas en tu vida e ir haciendo los ajustes que consideres pertinentes de acuerdo con lo que has trabajado y descubierto de ti en los meses anteriores de trabajo.

Elige una actividad concreta que puedas llevar a cabo para atender cada una de las áreas que hayas descubierto más descuidadas en ti, en este momento de tu vida.

Valor

> **"** Atreverse a ser un árbol frondoso
> que dé frutos en medio de
> un paraje de árboles mutilados
> es un acto de gran valor.
>
> Honra tu grandeza. **"**

Reflexión

1 ¿Qué es lo más valiente que has hecho en tu vida?

_____

_____

3 ¿Qué te impulsó o motivó para hacerlo?

_____

_____

4 ¿De dónde sacaste la fuerza para llevarlo a cabo?

_____

_____

5 ¿Hay algo en lo que requieras valor en este momento de tu vida? ¿Qué es?

_____

_____

Práctica

Durante la semana posterior a la sesión, practica el atreverte a ser tú. Deja que los demás vean el maravilloso árbol que eres o que puedes llegar a ser.

Esta semana permítete brillar en lo que sea, de la manera que sea.

Por ejemplo, una paciente me contó que un acto que le requirió gran valor fue ponerle sal a la comida de su suegra frente a toda la familia; finalmente, después de cinco años de condescender para no "ofender" a su suegra, se atrevió a usar el salero en la casa y en la mesa de esta. Habló de que su sensación de logro fue enorme una vez que venció el temor a la crítica. Actos que pueden parecer tan insignificantes también pueden llegar a ser de gran valor cuando a quien rescatamos es a nosotros mismos.

Sesión 38

Brecha generacional

"

Hay momentos en que tomar
la mano de una persona
de edad avanzada se convierte
en un acto de agradecimiento a la vida.

La brecha generacional pierde
amplitud cuando dejamos de querer
tener la razón y comprendemos que cada
uno mira la realidad desde su propia
perspectiva, igualmente válida.

El momento de hacer las paces
con nuestra historia no empieza
cuando perdonamos, sino cuando
elegimos agradecer en vez de culpar,
aunque el perdón tome tiempo.

"

Reflexión

1 ¿Tienes a una persona de la tercera edad cercana con quien te cuesta mucho trabajo relacionarte? ¿De quién se trata?

_____

_____

2 ¿Qué pasaría si únicamente te enfocas por un momento en ver sus manos más que sus actos?

_____

_____

3 ¿Qué te dirían sus manos? ¿Sabes cómo son? ¿Has puesto atención? ¿Puedes recordarlas o describirlas? ¿Cómo te sientes al reflexionar sobre estas preguntas?

_____

_____

Práctica

Durante la semana posterior a la sesión, permítete tener acercamientos distintos con esa persona de la tercera edad que tienes cerca; si te es posible, toma sus manos y obsérvalas, deja que su historia te hable.

Si no es posible, límitate a observarlas desde la distancia más cómoda para ti.

¿Qué te dicen estas manos? ¿Cambia en algo tu sentimiento de intolerancia, impaciencia o incomodidad?

Sesión 39

Crisis

" Si estás atravesando por una etapa de crisis,
toma en cuenta que la vida tiene ciclos
y los ciclos terminan, independientemente
de nuestros deseos.

Llegará un momento en el que
el hoy tan doloroso
no sea más que un recuerdo.

Entonces, resurgirás con más fuerza
y más sabiduría,
es sólo cuestión de tiempo. **"**

Reflexión

1 ¿Cuáles han sido las situaciones más difíciles que has enfrentado en tu vida?

a) Infancia: _____
_____

b) Adolescencia: _____
_____

c) Juventud: _____
_____

d) Adultez: _____
_____

2 ¿Cómo saliste de cada una de esas crisis?
_____
_____
_____
_____

3 Si te permites recapitular, ¿qué rescatas de cada crisis?
_____
_____

4 ¿Qué te impide superar la que experimentas en este momento?
_____
_____

5 ¿Te estás aferrando a algo o a alguien? ¿Qué te impide liberarte?
_____
_____

Práctica

Durante la semana posterior a la sesión, te invito a practicar las visualizaciones de "Dejar ir" y "Perdón y desapego", incluidas en el CD. Alterna una cada día y permítete entrar de lleno en la experiencia.

Sesión | 40

Intuición

> La confianza nace cuando tenemos
> la certeza en nuestro ser
> de que no seremos lastimados
> intencionalmente.
>
> Si algo dentro de nosotros nos pone
> a la defensiva aunque nuestra mente
> nos convenza de confiar,
> es importante que nos escuchemos.
>
> Esa es la sabiduría interior y percibe
> de muchas maneras que nuestro
> raciocinio no alcanza a entender.
>
> Confía en tu intuición.
> Es el radar que la Divinidad nos
> dio para caminar en esta vida.

Sesión 41

163

Reflexión

1 ¿Cuántas veces has experimentado "corazonadas" ante algo? ¿Respecto a qué fue?

_____

_____

_____

2 ¿Puedes mencionar tres intuiciones que han marcado tu vida?

_____

_____

_____

3 ¿Qué crees que habría pasado si no te hubieras escuchado?

_____

_____

_____

Práctica

Durante la semana posterior a la sesión, te invito a practicar el contacto con tu intuición, por medio de un ejercicio muy sencillo.

Cuando necesites tomar una decisión, vislumbra las opciones a tu alcance y pregúntate ¿Es esta la decisión correcta? Dedícate a sentir, no pensar, la respuesta que brota de tu organismo y confía en ella. Ensaya. Reconcíliate. Restablece la conexión con tu sabiduría durante toda la semana.

Recuerda que se trata de un ensayo, de modo que las decisiones pueden abarcar desde lo más "sencillo", como elegir los alimentos con que nutrirás tu cuerpo, a lo más complicado si es que la decisión que debes tomar es muy importante. La cuestión es empezar.

Sesión 41

Amar en la distancia

"

En ocasiones, por salud emocional
necesitamos poner distancia entre nosotros
y alguien a quien queremos,
porque su cercanía nos lastima.

Separación no es abandono
y cuando lo comprendemos
nos damos permiso,
no sólo de cuidarnos, sino
de aprender a amar en la distancia. "

Reflexión

1 ¿De quién o quiénes necesitas distanciarte en este momento?

_____

_____

2 ¿Qué es lo que te ocurre con su cercanía?

_____

_____

3 ¿Qué te ha impedido separarte de esa o esas personas?

_____

_____

_____

4 ¿Qué crees que ocurriría si te cuidas más a ti, de lo que estás cuidando a esa persona? Descubre tus fantasías catastróficas tal y como viven en tu mente.

_____

_____

_____

Práctica

· · · · · · · · · · ·

Siguiendo la guía que comparto contigo a continuación, escribe una carta a esa persona de quien reconoces que, aun cuando deseas tenerla cerca, necesitas poner distancia entre ambos.

(Nombre de la persona), hoy elijo escribirte desde el fondo de mi corazón para expresarte mis sentimientos de:

_____

_____

_____

Quiero agradecerte por:

_____

_____

_____

Y decirte que por hoy elijo poner distancia entre nosotros por las siguientes razones:

_____

_____

_____

Sin embargo, mi cariño por ti no cambia. Elijo cuidarme, para poder seguir relacionándome contigo en la distancia.

Sesión 42

Conciencia
de diversidad

" El mundo es lo que es, una escuela
para aprender y cada ser humano
está en un grado diferente.

Pretender que alguien que vive
en el nivel preescolar de conciencia
comprenda en toda su dimensión a alguien
de preparatoria es pretender que
la vida deje de tener colores.

Tienes un maravilloso cristal
en las manos para ver el mundo.

Se llama conciencia de diversidad
y es lo único que nos permite vivir
en paz en medio de tantas diferencias.

Sacúdete el polvo que te ha hecho creer que todo es
gris, y dale la bienvenida a los colores,
es probable que te sorprenda su brillantez. "

Reflexión

1 ¿En qué te diferencias de tu amigo o amiga más queridos?

_____

_____

2 ¿Qué es lo que te hace distinto a los demás, aun dentro de tu familia?

_____

_____

3 ¿En qué eres diferente de quien fuiste hace cinco años?

_____

_____

Práctica

Durante la semana posterior a la sesión, te invito a realizar un experimento que yo disfruto muchísimo en los aeropuertos cuando viajo.

Elige un lugar en el que puedas ver pasar a mucha gente: una avenida transitada, un mercado, una plaza, una estación de autobús, el metro, entre otros. Detente simplemente a observar la diversidad.

Date cuenta de cuántos tipos distintos de personas, de diferentes facciones, tamaños, actitudes, entre otras características, coexistimos al mismo tiempo.

Disfruta la diversidad que te rodea y, mientras dejas que tu mirada simplemente "flote" sobre esa maravillosa diversidad, relaja tu cuerpo e intenta convertirte también en observador de este.

Observa sin juicios, sin críticas, sólo siendo consciente de ese mundo tan diverso y espléndido. Y descubre qué pasa en ti cuando logras profundizar en este ejercicio.

Sesión 43

Libre albedrío

"

Todos tenemos una misión
en esta existencia,
lo creamos o no,
lo entendamos o no,
la encontremos o no.

La vida nos prepara por medio
de experiencias para desarrollar
las herramientas que necesitamos.

Junto con los eventos de destino
recibimos el regalo más preciado:
se llama libre albedrío
y es la libertad para elegir. "

Reflexión

1 ¿Cuál es tu misión en esta vida?

_____

_____

2 ¿Para qué crees que estás aquí?

_____

_____

3 Analiza las situaciones más complicadas y difíciles que has atravesado. ¿Para qué consideras que te han servido? ¿Qué herramientas de vida te han aportado?

_____

_____

4 ¿Qué eliges hacer con estas herramientas de vida?

_____

_____

Práctica

Durante la semana posterior a la sesión, continúa fortaleciendo tu capacidad de elegir. Ya has trabajado y reflexionado sobre tu fuerza de voluntad, tu selectividad, tu capacidad de renuncia, la prudencia, el autocuidado; ahora es necesario ponerlos a trabajar todos juntos.

Busca respuestas a estas interrogantes:

1 ¿Qué es eso tan importante que tienes frente a ti?

2 ¿Qué alternativas u opciones tienes de elección?

Sesión 44

Fortaleza

Ya estás en Casa,
es sólo cuestión de abrir
los ojos al universo.

El tiempo que te tome reponerte
será proporcional al daño sufrido,
pero cuando lo logres habrá valido la pena
porque serás más fuerte.

De hecho, ya lo eres.

Reflexión

Durante la semana posterior a la sesión, responde y medita sobre lo siguiente...

1 Soy fuerte gracias a...

_____

_____

2 Los obstáculos más importantes que he superado son...

_____

_____

3 Lo que me ha hecho ser quien soy es...

_____

_____

4 No puedo cambiar mi historia, y lo que rescato de ella es...

_____

_____

5 Me siento orgulloso u orgullosa de...

_____

_____

6 Mi mayor fortaleza es...

_____

_____

7 Una vez que salga de la situación difícil en la que me encuentro, sé que...

_____

_____

Práctica

Durante la semana posterior a la sesión, escribe en una hoja todo lo que encontraste en la reflexión y léela cada día. Date el tiempo de recibir esta certeza de tu interior para aplicarla en tu diario vivir.

Sesión 45

Paciencia

> **La paciencia es una virtud que
> se desarrolla cuando
> comprendemos que todo en
> la vida tiene su momento.**
>
> **Se convierte en herramienta de vida
> cuando aceptamos que el tiempo
> no gira en función de nuestros deseos.**

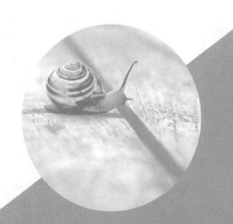

Sesión 46

Reflexión

La práctica de la semana posterior a la sesión puede parecer muy sencilla e incluso absurda, pero te aseguro que tiene un efecto muy interesante cuando se realiza de manera repetida.

Esto lo comprobaremos ahora, con la práctica presentada en la página siguiente. Realízala durante toda la semana posterior a la sesión, hasta que ya no necesites más el reloj, puedas calmar tu ser ante el menor signo de impaciencia y puedas no sólo repetirte, sino aceptar que: TODO TIENE SU TIEMPO.

Práctica

Consigue un reloj de arena, del tamaño que tú quieras; puede ser de juguete, siempre y cuando puedas traerlo contigo.

Tan pronto descubras que empiezas a impacientarte por algo, obsérvalo durante un ciclo completo; mira tan sólo cómo pasa la arena y detén todo lo demás.

Mientras haces esto, intenta que la arena se apure y podrás ver que todos tus esfuerzos son inútiles. Todo tiene su tiempo.

Durante todo el ciclo del reloj, repítete: "Todo tiene su tiempo", mientras observas la arena correr a través del reloj inmutable, a su propio ritmo.

Sesión | *46*

Esencia

"

Nuestra esencia jamás se pierde,
por más que nos alejemos
de ella. Siempre está ahí.

Y cada momento, cada crisis,
son oportunidades para regresar a casa.

El universo entero nos permite ver
lo que realmente necesitamos
y quiénes somos,
más allá de nuestro personaje
y de las expectativas
que han depositado en nosotros
o de los guiones que hemos seguido.

Si corremos el velo de las lágrimas,
detrás siempre habrá Luz.

"

Reflexión

Reflexiona sobre aquellos momentos en los que creíste que el dolor acabaría contigo; en aquellos momentos en los que sentiste que no podías más.

1 ¿Puedes recordar cómo saliste de esa oscuridad?
_____
_____

2 ¿Cómo fue que dejaste de llorar?
_____
_____

3 ¿Cómo fue que volviste a sonreír?
_____
_____

4 ¿Cómo fue que seguiste viviendo?
_____
_____

Práctica

Durante la semana posterior a la sesión, simplemente te invito a que leas esta reflexión todos los días y te permitas descubrir qué te dice de ti y de tu vida en este momento.

Date cuenta de que cada paso que has dado te acerca más a casa, a tu casa interior, a ser quien eres.

Detrás del velo de las lágrimas, siempre habrá Luz.

Sesión 47

Culto al error

"

Culto al error. ¿Qué es?
Hablo de buscar siempre
"el negrito en el arroz";
es el "Sí, pero...".

El culto al error se da en quienes
proyectan en los demás su propio
sentimiento de insuficiencia,
por lo que, al parecer, nada
de lo que hagan los otros será
suficientemente bueno para ellos.

Cualquier juicio que nosotros hacemos
proviene del ego; la esencia no juzga, sólo percibe.

Desde el ego siempre habrá una
evaluación de bueno o malo;
desde la esencia, las cosas simplemente serán
como son, sin poner calificativo alguno.

"

Reflexión

1 ¿Reconoces que criticas algo o a alguien la mayoría de los días? _____

2 ¿Consideras que tienes que emitir un juicio ante cualquier evento y que hay que calificarlo como bueno o malo? _____

3 ¿Con frecuencia les dices a los demás cómo deberían vivir su vida? _____

4 ¿Te enoja que las cosas no sean perfectas? _____

5 ¿Es difícil complacerte? _____

6 A mayor cantidad de respuestas de "SÍ", mayor será la lupa del Culto al error con la que vives.

Práctica

Durante la semana posterior a la sesión, procura prestar atención a los juicios que elaboras en tu mente antes de que se manifiesten como críticas. Intenta descubrir si te es posible tener una visión más compasiva y positiva hacia los demás.

A mayor lupa, mayor esfuerzo; nadie dijo que es fácil, pero sin duda vale la pena esforzarte por reducir tu actitud crítica, por tu propia tranquilidad y por la salud de tus relaciones.

Sesión 48

El reto

> " Y cuando parece
> que llegamos al fin
> del camino,
> el verdadero reto
> comienza... "

Reflexión

Estás en la recta final de tu programa de trabajo personal; posiblemente has ido mucho más rápido de lo sugerido al realizar estas dinámicas. Es válido, recuerda que tú marcas tus tiempos.

Te invito a que regreses a la dinámica que te impactó más, la que te costó más trabajo realizar o la que por alguna razón no pudiste llevar a cabo.

Date la oportunidad de vivirla de nuevo, ahora con la posibilidad de utilizar todas las herramientas que has desarrollado a lo largo de las sesiones, y observa la diferencia.

Práctica

Durante la semana posterior a la sesión, permítete realizar a conciencia la dinámica que hayas elegido y descubre qué ocurre contigo.

Sesión 49

Recapitulación

"
Recapitular es la oportunidad
que nos regalamos
de saborear lo aprendido.
"

Sesiones 50 y 51

Reflexión

Durante dos semanas, repasa todo lo que has escrito durante este ciclo de sesiones.

Piensa en cada dinámica, cada momento, y reflexiona sobre todos los cambios que has experimentado a lo largo de este programa de autoterapia.

Date el regalo de leerte, de recordarte, de verte un año o unos meses después.

Recuerda qué te llevó a adquirir este libro y qué te ha mantenido trabajando contigo durante todo este tiempo.

Práctica

Responde las siguientes interrogantes:

¿Qué es lo más importante que has descubierto de ti?

_____

_____

¿Quién eres aquí y ahora?

_____

_____

Si pudieras diseñar tu vida a partir de ahora, ¿cómo sería?

_____

_____

Entrégate el regalo de disfrutarte durante este tiempo. Si lees alrededor de tres ejercicios diarios y meditas sobre ellos, podrás cubrir las dos semanas de recapitulación, cuyo objetivo es integrar cada uno de los aspectos que has trabajado a lo largo de este año.

Sesiónes 50 y 51

Gratitud y esperanza

"
¡FELICIDADES! ¡Lo lograste!
Has conseguido terminar un ciclo de
52 sesiones para tu crecimiento
y sanación personal.

Aprovecha estos aprendizajes
y contagia a quienes te rodean
de este entusiasmo. "

Reflexión

Has terminado tus 52 sesiones de trabajo personal.

Concluyamos esta etapa del ciclo de la mejor manera posible: agradeciendo y construyendo un puente de Luz para tu nuevo camino.

Eres Luz, tu camino está en la Luz. Bienvenido y bienvenida a la vida maravillosa que te pertenece.

No serás jamás un proceso terminado, porque juntos compartimos una existencia milagrosamente cambiante, en esta maravillosa cotidianeidad que nos recuerda que vivir, aun a pesar de los retos, sigue siendo una aventura apasionante.

Práctica

Te invito a escuchar diariamente la meditación de "Gratitud y esperanza" con todo tu ser, durante los siguientes siete días.

Cuando hayas concluido tu programa, puedes escribirme a pilar_ocampo@yahoo.com para que recibas una constancia por tu esfuerzo. Será un gusto ponerle tu nombre y firmarla.

De mi Luz a tu Luz...

Sesión 52

Para concluir